CONGRÈS INTERNATIONAL DE GÉOGRAPHIE
VENISE 1881

LA
PÉNINSULE MALAISE

PROJETS

DE PERCEMENT DE L'ISTHME

KRAU — CHAI-YA — TALUNG

PAR

LÉON DRU

MEMBRE DE LA SOCIÉTÉ DE GÉOGRAPHIE

(PARIS)

PARIS

TYPOGRAPHIE GEORGES CHAMEROT

19, RUE DES SAINTS-PÈRES, 19

—

1881

LA
PÉNINSULE MALAISE

LA PÉNINSULE MALAISE

ERRATA

Page 5; note 2. deuxième ligne; *au lieu de :* 200 à 300; *lisez :* 190 à 200.

— 11; 1re ligne; *au lieu de :* îles; *lisez :* atterrissement.

— 13; 4me ligne; *au lieu de :* 115 kilom.; *lire :* 75.

— 30; 10me colonne. TOTAL EN KILOMÈTRES; *au lieu de :* 4890. 4470, 4950, 2070, 1410. 1480; *lisez :* 4892, 4071. 4956. 2076 et 1416.

LA
PÉNINSULE MALAISE

KRAU — CHAI-YÀ — TALUNG

PAR

LÉON DRU

MEMBRE DE LA SOCIÉTÉ DE GÉOGRAPHIE

(PARIS)

PARIS

TYPOGRAPHIE GEORGES CHAMEROT

19, RUE DES SAINTS-PÈRES, 19

1881

Pénétré des avantages que pourrait réaliser la
traversée par un canal de la presqu'île de Malacca,
je me suis proposé, en publiant ces notes que j'a-
vais réunies depuis longtemps, d'attirer l'attention
du public qui s'intéresse aux études géographiques,
sur la possibilité et l'utilité d'une telle entreprise.
Mon but n'est pas présentement de résoudre ce pro-
blème de géographie physique, mais d'en hâter l'ac-
complissement par la propagande. D'ailleurs, dans
l'état actuel de nos connaissances sur cette contrée,
les éléments pour une solution exacte font défaut. En
dehors de la relation intéressante des capitaines Forlong et Fraser sur un projet de chemin de fer à travers l'isthme de Krau, on trouve peu de documents,
surtout pour la région qui fait partie du royaume
de Siam.

La topographie des côtes seule a été relevée
avec soin par la marine ; mais, pour l'intérieur des
terres, on ne possède que des cartes incomplètes.
L'orographie en est très vague et les rivières sont

indiquées par des orientations contradictoires. Enfin, dans les distances terrestres, on n'a que l'estime, c'est-à-dire le nombre des heures de marche, mesure irrégulière qui peut donner en quelques points un itinéraire. C'est donc un travail complet à faire, qui s'impose à l'étude des géographes et au dévouement des explorateurs. Le retentissement qu'ont eu dans ces derniers temps les heureux efforts de M. de Lesseps pour doter le monde d'une voie maritime à travers l'isthme de Panama, l'intérêt que soulève en ce moment le projet de M. le commandant Roudaire pour la création d'une mer intérieure dans le Sahara, ne resteront pas sans écho et devront exercer une sérieuse influence sur cette œuvre nouvelle. Les entreprises dont l'esprit humain rejetait naguère la conception tombent chaque jour dans le domaine de la pratique, et elles sont d'autant mieux acceptées qu'elles ont pour mobile le développement des intérêts financiers, commerciaux et politiques des peuples.

LÉON DRU, ingénieur.

LA

PÉNINSULE MALAISE

I

Le canal de Suez a ouvert un horizon infini aux grands chemins de la navigation européenne vers les contrées asiatiques, et il constitue actuellement la voie nouvelle la plus importante. Cette voie répond au besoin des échanges rapides qui sont aujourd'hui une nécessité pour les nations dont les relations commerciales tendent à se développer, et qui veulent maintenir leur prépondérance maritime.

Mais quand on examine les différents tracés navigables qui sont les conséquences du canal de Suez, et que l'on regarde avec attention la carte de l'Archipel d'Asie, on est frappé de la configuration du groupe des îles et de la péninsule Malaise, qui entrave la communication du golfe du Bengale avec la mer de la Chine. On remarque que la presqu'île de Malacca (1) oblige la navigation à faire un détour très accusé vers le Sud, en longeant l'île de Sumatra, augmentant ainsi de *près de quatre jours* en moyenne le trajet des bâtiments qui font route vers la Chine et le Japon.

(1) Malacca ou Malâka.

La solution qui se présente naturellement à l'esprit, pour parer à cet inconvénient, est la traversée de la presqu'île. Elle a été envisagée, sans que l'on ait voulu en entreprendre la réalisation ni même en proposer l'étude définitive.

Un tel projet aurait cependant pour la marine un résultat qu'il est facile d'apprécier. Le détroit qui sépare la péninsule de l'île de Sumatra offre un passage souvent dangereux; les courants y sont rapides et déplacent les fonds et les atterrissements des côtes; les vents, resserrés par les hautes terres de Sumatra, y causent des tempêtes et donnent naissance aux cyclones et aux typhons si redoutés dans ces parages. Il n'est pas jusqu'aux épais brouillards que les marins désignent sous le nom de *sumatras*, qui ne rendent la navigation périlleuse pendant de longues heures. Le phénomène des *moussons* (1) apporte encore des difficultés pour l'entrée ou la sortie du chenal, et oblige les bâtiments à voiles à des stations souvent prolongées dans le port de Singapour.

Enfin les possessions françaises de l'Indo-Chine, qui sont destinées dans un avenir prochain à drainer une partie du trafic de l'empire chinois, seraient avantagées par ce chemin plus direct.

La portée commerciale de ce projet n'est pas sans présenter un grand intérêt; car sa conséquence sera le développement des routes dans les bassins du Mé-Kong et du Song-Thao, ou Fleuve Rouge, vers le centre de la Chine, et l'extension de nos ports de la Cochinchine, de l'Annam et du Tonquin.

(1) Dans la mer des Indes, les moussons soufflent du Nord-Est d'octobre à mars, et du Sud-Ouest pendant le restant de l'année. L'époque du renversement amène des périodes d'accalmie ou de tempête.

En raison des avantages sérieux que la France pourrait en recueillir, il serait nécessaire de faire de nouvelles études sur le tracé d'un canal, et surtout de rechercher les points où il pourrait déboucher dans le golfe de Siam, pour desservir nos colonies. Cet examen n'aurait-il pour but que d'attirer l'attention des navigateurs vers ces régions, qu'il serait encore une œuvre utile. Nous ne pouvons oublier d'ailleurs que Bangkok, qui verrait accroître ses richesses, est la tête de route du Yun-nan par le Mé-nam (1), et que cette voie est destinée à faire concurrence au tracé anglo-birman par l'Irawady, Banmo et Talé-fou.

La situation de la péninsule est trop connue pour qu'il soit nécessaire d'en faire une longue description (2). Sa surface est divisée en trois parties :

1° Le Nord, formant la suite des Indes anglaises et du continent Siamois des bords du Muang-Klang aux rives du Salouën (3);

2° Le Sud, avec les États indépendants de Perak, Salangore, Pahang, Rumbo et Djohore, dont quelques-uns sont presque déserts, notamment la province de Salangore et le centre de la péninsule; puis les possessions anglaises de Malacca et de Wellesley, en face de l'île Penang;

3° Le Centre, comprenant les pays tributaires du royaume de Siam et se rattachant à ce dernier par une

(1) Mé-nam signifie *mère des fleuves*.

(2) La presqu'île s'étend de 1° 15′ à 10° 15′ de latitude Nord. Elle a environ 1,190 kilomètres de longueur sur 100 à 300 de largeur. Le détroit s'ouvre entre le cap Diamant, au Nord de Sumatra, et l'île de Salanga (de 5 à 8 degrés de latitude Nord). Sa longueur est de 800 kilomètres, et sa largeur varie entre 45 et 300 kilomètres.

(3) C'est au Sud du territoire anglais de Tenassérim, qu'est figuré le tracé des capitaines Forlong et Fraser.

bande qui suit parallèlement le golfe de ce nom et les possessions anglaises du Nord. Ces États tributaires sont, en commençant par le Sud : Tringanou, Kalantan, Patani, Muang-Saï ou Quedah, Talung, Lakhon ou Ligor, Xalang, Chai-ya, Tseompeon, etc. (1). C'est dans cette dernière partie, la plus étendue de toutes, que se trouvent les passages qui pourraient être pratiqués en dehors des colonies européennes.

Le voyage des capitaines Forlong et Fraser a eu pour objectif la communication par un chemin de fer des rivières du Pakchan sur l'Océan Indien avec le Tseompeon sur le golfe de Siam. Il fut entrepris en 1861, et a duré 6 jours. Voici d'ailleurs les principales phases de cette exploration, de laquelle date le premier rapport fait sur la traversée de l'isthme.

Les voyageurs partirent le 1er avril de l'embouchure du Pakchan, qu'ils remontèrent, et le même jour ils arrivèrent à Krau, petit village d'une cinquantaine d'habitations. Ils y furent reçus très cordialement par Tacompa, le chef des autorités civiles, qui facilita beaucoup leur passage et mit à leur disposition cinq coolies et un éléphant pour leur voyage. Ils longèrent, pendant 11 kilomètres, la rivière, dont les rives sont couvertes d'arbres et de bambous gigantesques. Après avoir suivi pendant près de 1,500 mètres le lit de la Krau, formé en cet endroit d'une série de petits rapides et encaissé entre des berges de 9 à 10 mètres de haut, ils arrivèrent dans une grande prairie, où émergent de nombreuses sources qui donnent naissance à la rivière de Krau. Un peu plus loin, à 500 mètres de cette région, commence insensiblement la pente vers le versant Est et les sources

(1) Malte-Brun. — *Siam et Malacca.*

qui forment le Bankren, petit affluent du Tscompeon.
A l'époque de leur passage, ce pays n'avait jamais été
parcouru par des Européens.

Après avoir traversé Tasan, village de l'importance
de Krau, ils arrivèrent le 4 avril à Tseompeon, chef-
lieu de la province, bâti sur la rivière de ce nom, où ils
observèrent que la marée se faisait sentir; elle y était
encore de 1^m,80 et, grâce au reflux, ils purent se trouver
au bout de trois heures et demie à l'embouchure. Sur
la rive gauche, ils remarquèrent une jolie villa qui sert
de résidence au roi de Siam, quand il visite ses possessions de la presqu'île; on y vient de Bangkok en
24 heures. Les capitaines retournèrent le même jour à
Tseompeon, en traversant Tayong, village important de
deux cents maisons environ, sur la rive gauche, et à
6,500 mètres de la mer. Le 5 avril, ils regagnèrent le
Pakchan au-dessous de Krau, et rentrèrent le lendemain
à bord de la *Némésis*, qui les avait amenés.

Leur conclusion fut qu'une communication pou-
vait s'effectuer facilement entre les deux rivières, au
moyen d'un chemin de fer, dont la dépense s'élèverait
à environ 8 millions de francs, le sol n'exigeant pas de
travaux importants. Ils estimaient que le prix en serait
même inférieur par kilomètre à celui d'un grand nombre de chemins dans la colonie indienne. Quant à un
canal de jonction, ils le considérèrent comme hors de
la question, n'admettant de praticable que la voie ferrée.

Les réductions de temps qui, suivant les auteurs, seraient obtenues par la traversée de l'isthme dans les conditions de leur projet, le devis de la dépense et les bénéfices probables de l'opération sont consignés dans les
tableaux ci-après :

I. — Durée des trajets.

		DURÉE DU TRAJET	ÉCONOMIE DE TEMPS (1).
		heures.	heures.
De Calcutta à Hong-Kong.	Trajet direct par Krau.	267	
	Trajet direct par Singapour	360	93
De Ceylan à Hong-Kong.	Trajet direct par Krau.	281	
	Trajet direct par Singapour	337	56

II. — Estimation de la dépense d'établissement.

	EN LIVRES STERLING.	EN FRANCS.
3 Bateaux porteurs (chalands).	45.000	1.125.000
Chemin de fer, compris gares, hôtels, travaux d'art.	250.000	6.250.000
12 Bateaux de transport de charbon. . .	9.600	240.000
Imprévu..	27.300	682.500
	331.900	8.297.500

(1) Ces chiffres sont indiqués dans les hypothèses les plus favorables de navigation, et dans le tableau général, p. 30, on verra qu'il n'est pas question de la traversée de l'isthme, prévue à 12 heures par les auteurs du projet. *Annales de la Société asiatique du Bengale*, 1862.

III. — Frais d'exploitation (1).

	DÉPENSE mensuelle en ROUPIES	ÉCONOMIE mensuelle en ROUPIES.	ÉCONOMIE ANNUELLE	
			en ROUPIES.	en FRANCS.
Pour les trois lignes suivantes. . . . . . 1° De Ceylan à Hong-Kong, direct. . . . 2° De Calcutta à Hong-Kong, direct. . . . 3° De Calcutta à Maul-mein.	91.800	»	»	»
Pour deux lignes rem-plaçant les précé-dentes, savoir : 1° De Ceylan à Hong-Kong, direct. . . . 2° De Calcutta à Hong-Kong, en passant par *Akyab*, *Ran-goon, Maulmein, Ta-voy et Mergui*. . .	50.200	41.600	499.200	1.250.000

Il serait trop long de nous étendre sur ces évalua-tions; il y a évidemment bien des détails qui font défaut et d'autres dont la valeur est discutable. Ainsi la durée du passage de la presqu'île, estimée à 12 heures, repré-sente un laps de temps assez faible, si l'on entrevoit les manœuvres nécessaires pour le chargement des mar-chandises sur les chalands et aux deux gares terminus de la voie ferrée.

En prenant pour base le trafic des lignes indiennes

(1) Pour le détail voir le tableau p. 30

de Ceylan et de Calcutta à Hong-Kong avec escales à Akyàb, Rangoon, Maulmein, Tavoy et Mergui, qui sont les seules considérées dans leur projet, ils démontrent que l'on peut réaliser, par l'usage d'un chemin de fer à travers l'isthme, une économie annuelle de 1,250,000 fr., chiffre qui représente un capital de 25 millions de francs. La dépense d'établissement se montant à 8,297,500 fr., on voit que, tout en faisant une part à l'imprévu, à l'entretien et à l'exploitation du chemin de fer, aux frais généraux de toute sorte, il est permis d'espérer encore une remunération suffisante.

On doit considérer l'exploration des deux voyageurs anglais comme l'ébauche, en quelque sorte, du projet de percement. L'idée de la création d'un canal apparut un instant à leur pensée, et fut rejetée immédiatement pour des raisons que nous n'avons pas à rechercher ici.

Il est douteux que la grande navigation puisse trouver un bénéfice à prendre cette voie ferrée, qui nécessitera de nombreux transbordements et qui dans ces conditions ne présente de réels avantages que pour Bangkok. Mais le résultat serait tout autre si l'on envisageait la question au point de vue d'un canal direct à grande section ou même à écluse, desservant un transit général de l'importance de celui de Singapour, et fréquenté alors indistinctement par tous les navires, qui éviteraient ainsi, sans rompre charge, le passage du détroit de Malacca.

Cette solution pourrait être obtenue en suivant l'itinéraire des auteurs de la voie ferrée. En effet, du côté de la mer des Indes, le Pakchan se présente avec une large embouchure et des fonds variant entre 6 et 18 mètres. Il pourrait être canalisé sur à peu près les deux tiers de son parcours, à la faveur des îles qui émergent de son lit et de dragages qui seraient exécutés jusqu'au confluent de la Namoy.

En cet endroit commencerait le canal de jonction, suivant à peu près le tracé du chemin de fer projeté, et retrouvant à Tasan le grand thalweg formé par les rivières du Tscompeon ou Cham-pawn et du Pah-Klong; ou bien on continuerait à remonter le Pakchan et la Krau, son affluent. Mais ce détour, qui mettrait à profit la dépression naturelle du cours de la rivière, occasionnerait, nous le croyons, de très grands travaux; car les explorateurs ont constaté de ce côté un relèvement assez accusé du sol dans le lit de la Krau, qui est formé en quelques endroits de terrains rocheux. Ce serait d'ailleurs rallonger le tracé d'environ 12 kilomètres.

Entre Krau et Tasan une prairie d'un demi-kilomètre forme le point culminant des deux bassins; puis l'on passe insensiblement dans celui du Tscompeon par la petite rivière du Bankren. Il serait donc préférable de suivre la ligne directe et d'amener la tranchée-canal vers Tasan; de cette ville on entrerait alors en communication avec le versant Est siamois par le Pah-Klong et le Tscompeon, dans lequel on exécuterait également des travaux de dragage pour déboucher dans le golfe de Siam.

Ainsi le canal maritime s'écarterait peu du tracé de la voie ferrée, les conditions orographiques du sol s'imposant aux deux projets, et l'on aurait même intérêt, comme aux isthmes de Suez et de Panama, à les exécuter tous les deux, ces grandes entreprises ayant démontré qu'une voie ferrée est toujours le complément naturel d'un canal. En résumé, le tracé de l'isthme de Krau est un des points de la péninsule malaise où la nature

offre une situation favorable par le faible point de partage qui sépare le Pakchan du Tscompeon, mais il est
placé un peu trop au Nord, et le cours du Pakchan
forme la limite séparative des possessions anglaises et
Siamoises.

L'embouchure du Pakchan avait attiré l'attention du
capitaine Ross (1), qui en a dressé une carte sur laquelle
sont inscrits les fonds de 6 à 18 mètres dont il est question
plus haut. (Pl. I.)

Sans vouloir entrer dans des considérations sur le
plus ou le moins d'opportunité qu'il y aurait à repren-
dre et à préconiser ce projet au point de vue des colonies asiatiques de la Cochinchine et du Tonkin, on ne
saurait négliger l'étude de nouveaux passages que
l'on a des chances d'obtenir dans la région comprise
entre le 7° et le 8° degré de latitude Nord, et que nous
désignons sous le nom d'Isthme de Talung, ville située
à l'Ouest de Sungora ou Songkhla.

Là certainement on retrouverait des conditions géographiques également bonnes. La chaîne principale,
qui forme pour ainsi dire l'arête dorsale de la presqu'île
depuis le Tenasserim, accuse plusieurs dépressions entre
Talung et Patani avant de s'infléchir vers le Sud-Est
pour former les monts Rumbo. C'est par ces dépressions
sensiblement orientées du Sud au Nord que l'on aura
des tracés permettant de mettre en communication
des cours d'eau analogues à ceux de la province de
Tenasserim, tels que le Talavise, le Trang, le Corah et
les rivières de la baie de Ponga d'une part, et de l'autre,
sur les rives Nord-Est, l'embouchure si considérable
du Chai-ya, le Tayang, le Talung, etc.

(1) *Hydrographie Française*, (1867).

La distance à franchir ne serait pas supérieure à celle de Krau, estimée comme développement total à 160 kilomètres de la mer des Indes au golfe de Siam, quoique, en ligne directe, il n'y ait pas plus de 115 kilomètres d'une rive à l'autre. Il convient cependant de faire observer que dans les 160 kilomètres sont compris les deux voies que l'on rendrait navigables du Pakchan et du Tseompeon : ce qui réduit à environ 50 kilomètres la portion du canal à creuser pour réunir les deux fleuves.

Entre Kuntance et Trang, pays situés en face de l'île de Telibon, et l'embouchure du Talung, la distance serait à vol d'oiseau inférieure à 70 kilomètres; mais en déduisant le parcours fluvial sur lequel on est en droit de compter, on peut évaluer approximativement la tranchée à moins de 45 kilomètres. Les rives Nord-Est comprises entre Talung et Patalung sur la mer de Siam sont abritées par l'île de Tantalaïm, et entre cette île et la côte on aurait un refuge sûr et des passages faciles que l'on déterminerait par des sondages. Non loin de Talung, le port Ligor offrirait aussi un excellent mouillage. Du reste, les reconnaissances qui ont été faites sur les côtes Est et Ouest de cette partie de l'isthme indiquent des fonds de 7 à 8 mètres; ils augmentent rapidement, et la moyenne est de 20 à 22 mètres à un kilomètre du rivage. L'influence des vents et des courants si énergiques dans ces parages ne devra pas être un grand obstacle; il est même probable que ces derniers, qui marquent la route à suivre quand on s'engage de la mer des Indes dans le détroit, aideront puissamment à aborder l'entrée du canal.

Plusieurs routes sont fréquentées dans l'intérieur de la presqu'île et servent aux transactions commerciales. Ce sont notamment celle du Pakchan et du Tseompeon ;

il faut à peu près douze heures (1) pour franchir le passage entre ces deux bassins. Puis celles de Chai-ya à Ponga, de Trang à Ligor, qui paraît être la plus importante de toutes, et de Quedah à Sungora ou Songkhla. Ces différents chemins devront faciliter les explorations qui seront entreprises pour l'étude du passage le plus praticable (2).

A cet effet nous publions une carte de l'Isthme exécutée d'après les relevés de la marine française et les indications les plus récentes (3), où sont figurées les directions qui, avec celle de Krau, paraissent le plus favorables au projet de canal maritime. Ce sont les tracés de Chai-ya à Ponga et de Talung. (Pl. II.)

Les documents géologiques qui se rattachent à la presqu'île sont rares; cependant il résulte des quelques observations qui ont été faites, que l'ensemble du sous-sol est composé de roches anciennes. MM. Forlong et Fraser ont observé, dans les environs de Tasan, des formations analogues d'aspect à celles des îles du golfe. Ce sont des grès rougeâtres qui semblent appartenir à la formation du vieux rouge, c'est-à-dire au dévonien inférieur.

M. Marcou, dans sa *Carte géologique de la terre* (4), indique, pour cette région et celle de Sumatra, des affleurements de granits, de gneiss et de terrains vol-

(1) Certaines cartes anglaises de la région indiquent quatre heures. Celle, plus récente, de Johnston (1879) donne le chiffre de douze heures qui est plus vraisemblable.

(2) Le transport par terre des marchandises au travers de l'isthme est de cinq à sept jours avec des éléphants. (CRAWFURD, p. 407.)

(3) *Carte de la mer de Chine*, publiée au dépôt des cartes et plans de la Marine, 1871. Corrigée successivement jusqu'en juillet 1880.

Map of the Malay peninsula, 1879.

(4) *Carte géologique du globe*, par Marcou, construite par J. Ziegler. (Zurich.)

caniques. Ces derniers sont répartis plus spécialement dans les îles de Java et de Sumatra, mais ils pourraient également se rencontrer dans l'archipel des îles Mergui et Tenasserim. La série des terrains azoïques existe aux îles Malu et Nihas, puis au Nord de Sumatra, à la pointe d'Achen, et dans les îles Nicobar, qui en sont le prolongement. Malacca et son territoire appartiennent à des formations analogues ; on peut donc logiquement supposer que dans le centre de la presqu'île on retrouvera les mêmes horizons géologiques et probablement la série paléozoïque des schistes, qui seraient intercalés à leur place naturelle, entre les gneiss et granits du Sud et les grès dévoniens du Nord. Ces grès et schistes sont des terrains qui se désagrègent facilement, et les immenses deltas et plages fangeuses que l'on voit dans ces contrées donneraient un certain appui à cette dernière hypothèse.

On n'a que des données très vagues sur le système orographique de l'isthme et de la presqu'île de Malacca, qui n'est traversée que par quelques routes desservant le transit des côtes. Des forêts et des jungles épaisses couvrent encore de vastes territoires et empêchent les communications. Les cours d'eau y sont nombreux, vaseux aux embouchures, et ne peuvent recevoir que des barques d'un faible tonnage.

Tous les reliefs montagneux du Nord et du Sud sont sensiblement parallèles aux rives et occupent le centre de la péninsule, comme dans les monts Rumbo. Vers le milieu de l'isthme, les orientations sont différentes et généralement dirigées du Nord au Sud. Les altitudes élevées ne sont pas rares et atteignent plus de 2,000 mètres. On peut citer par exemple le Tidi-Bangsa à l'Est de Quedah (2,150 mètres). Le mont Ophir, entre la pos-

session anglaise de Malacca et le Rumbo, a de 1,600 à
1,700 mètres (1). Un peu plus haut, dans la province de
Talung, on cite encore au-dessus de l'île de Telibon deux
pics élevés de 400 mètres et 1,130 mètres. Au Nord, dans
la petite chaîne qui s'étend parallèlement au cours du
Pakchan, les cartes anglaises relèvent deux pics, le Pic
Sema (1,130 mètres) et le mont Éléphant (330 mètres).
Des altitudes analogues se retrouvent dans les îles voi-
sines. Lancava et Penang, sur la mer de Chine, présentent
deux montagnes de 900 et de 970 mètres (2). Sur le golfe
de Siam, Tow et Samui ont l'une 411 mètres, l'autre 610
mètres.

(1) *Géographie* de MALTE-BRUN, 1869. — Une montagne du même nom est
figurée dans les cartes de l'île de Sumatra avec une altitude de 4,500 mètres.
(2) Cartes de l'amirauté anglaise.

II

Pour évaluer la quotité des bénéfices qui seraient réalisés par un canal au travers de l'isthme, reliant l'Océan Indien aux mers de Siam et de Chine, il faudrait entrer dans le détail complexe des statistiques qui sont publiées en Europe et en Amérique, sur le trafic des différents pavillons dans le détroit de Malacca. On sait d'ailleurs que les renseignements sont assez rares et qu'ils n'existent pas tous dans les bibliothèques; ils n'apparaissent qu'à des intervalles éloignés, et remontent souvent à des dates antérieures à celles de leur publication.

Cependant, en raison de l'intérêt particulier que présente cette question, nous pensons qu'un exposé sommaire permettra d'apprécier à peu près la rémunération qu'on peut espérer d'une pareille entreprise. Il suffit pour cela d'examiner l'importance des échanges qui ont lieu dans quelques ports tels que Singapour, Hongkong, Bangkok, et ceux de la Cochinchine et du Japon, qui ont presque le monopole du commerce de l'extrême Orient.

En 1878, Hongkong recevait 29,360 navires jaugeant 4,244,543 tonnes; dans ce nombre figurent 26,500 jonques faisant le cabotage et représentant 1,798,788 tonnes (1) : soit pour le trafic étranger à la région 2,860 bâtiments avec 2,445,755 tonnes. Sur ce chiffre, on peut en attribuer au pavillon américain 155,000 ; aux bâtiments anglais, 120,000 tonnes ; à la marine française, 50,000 tonnes (2) ; puis aux nationalités diverses, environ 70,000 tonnes : soit un total de 395,000 tonnes.

Bangkok, le seul port important du golfe de Siam, et qui profiterait le plus largement des avantages offerts par cette nouvelle voie, présentait en 1876 un mouvement total de navigation de 1,305 bâtiments jaugeant ensemble 456,711 tonnes (3). Ce tonnage s'est élevé en 1879, pour la sortie seulement, à 237,844 tonnes. Dans la période comprise de 1878 à 1879, l'accroissement a été de 165 navires jaugeant 72,488 tonnes (4).

Le pavillon anglais absorbe la moitié de ce trafic, et il est pénible de constater que la France, si intéressée au développement de ses relations commerciales dans le golfe de Siam, n'est représentée que par 7 navires en 1879.

Le port de Bangkok, en 1877, donnait en totalité 1,109 bâtiments, jaugeant ensemble 336,485 tonnes, dont 568 seulement, représentant 247,197 tonnes, auraient été directement intéressés au passage dans le canal projeté (5). mais 1877 fut une année mauvaise, et, en nous plaçant dans des conditions proportionnelles à la navi-

---

(1) *Bulletin consulaire français*, 1878.

(2) Rapports de MM. LEVASSEUR et FONTANE au congrès international du canal maritime de Panama, 1878.

(3) Entrée.   626   navires jaugeant   228.233 tonnes.
Sortie.   679   »   »   228.478   »
————   ————
1305   »   »   456.711   »

(*Annales du commerce extérieur* pour 1877).

(4) *Bulletin consulaire français*, 1879.

(5) *Almanach de Gotha*, 1879.

gation de 1876, on est conduit à adopter 165,000 tonnes pour la marine anglaise (1).

Les entrées et sorties de l'Angleterre et de la France fournissent pour le Japon 98,000 tonnes et 25,000 environ pour la Cochinchine.

En ce qui concerne le projet de communication, les marines anglo-indiennes et françaises, qui traversent actuellement le détroit avec le plus fort tonnage, ont un grand intérêt; et en se basant sur les données qui précèdent, on peut les chiffrer de la manière suivante :

Tonnage moyen calculé pour l'année 1878.

MARINES	HONG-KONG.	BANGKOK.	JAPON.	COCHINCHINE
Angleterre.	120,000 (2)	165,000	31,000 (3)	25,000 (4)
France.	50,000	6,000	67,000	

Soit un total général de 464,000 tonneaux, sans faire entrer en ligne de compte les marines des Pays-Bas, allemande, etc.

Cette évaluation se rapproche assez bien du tonnage général de Singapour, qui est la grande escale des navires traversant le détroit et dont nous possédons une

(1) La proportionnalité s'obtient par la formule :

$$x = \frac{436,711 \times 247,197}{336,183} = 335,520.$$

dont la moitié, c'est-à-dire 165,000 tonnes en chiffre rond, devait appartenir au trafic anglais.

(2) (4) Rapport de M. FONTANE, Ingénieur, au congrès de 1878.

(3) Ces chiffres sont bien inférieurs à ceux du *Summary of commercial reports by Her Majesty's consuls in Japon*, 1876, donnant pour l'Angleterre un tonnage de 301,000 tonneaux, qui doit comprendre évidemment le mouvement des colonies.

statistique assez récente. Le commerce anglais y a tran-
sité en effet 313,000 tonnes en 1878 (1), et celui de la
France en 1880 a été de 89 navires, jaugeant ensemble
140,944 tonnes, ce qui donne en totalité 453,944 tonnes.

Pour les autres nationalités européennes, le rapport
très remarquable de la commission du congrès de 1878
nous offre des documents d'une certaine valeur pour
le sujet que nous traitons ici; il y est indiqué, comme
base d'estimation, un tonnage équivalent à celui de la
France (2). Il s'agit là d'un trafic passant par le canal
de Panama; mais pour notre projet cette évaluation
doit être majorée, en raison des transports de l'Europe
vers la Chine qui seront toujours plus considérables par
la voie de Suez que par l'isthme américain.

Les travaux de la même commission permettent
d'inscrire aussi le tonnage de l'Amérique pour 173,000
tonnes, en prenant la valeur de son commerce avec les
Indes anglaises, estimée à 65 millions de francs, au prix
moyen de 375 francs par tonne (3).

C'est donc sur le chiffre totalisé de 837,000 tonnes
au moins, établi de la manière suivante :

Tonnage moyen anglais et français. . . .	464.000
Tonnage des autres marines européennes.	200.000
Tonnage américain	173.000
Ensemble.	837.000

que nous pouvons établir en 1878 l'importance du ton-

(1) Rapport de M. Fontane, Ingénieur, au congrès de 1878.
(2) *Congrès du canal interocéanique de l'Isthme de Panama, 1878. — Rapport de la première commission*, par M. Levasseur, membre de l'Institut, p. 70.
(3) Même rapport, p. 68 et 94.

nage qui aurait été détourné de la voie actuelle au profit
d'un trajet plus direct par le canal de Krau ou de Talung, et ce chiffre semble au-dessous de la réalité si on
le compare au transit par Suez en 1880. Le bulletin décadaire donne pour cette année (1) 2,026 navires, jaugeant ensemble 4,344,519 tonnes.

Un autre document peut être emprunté au compte
rendu de la première commission du congrès de 1878 ;
dans une de ses séances, elle a fixé à 5 pour 100 l'accroissement moyen et annuel du commerce maritime en
général. C'est avec vraisemblance le chiffre qu'il conviendrait d'adopter pour notre estimation ; car il a été
déduit de nombreuses recherches faites sur le mouvement commercial des principales marines du globe.

Suivant les probabilités, l'exécution d'un canal maritime à travers l'isthme n'exigerait pas moins de dix
années, étant donné le peu d'avancement des études
actuelles sur la région, le temps utile pour les com-
pléter et celui nécessaire à son exécution.

On pourrait donc, sans trop de témérité, reporter à
1890 la valeur que venons de donner au tonnage général, augmenté de la plus-value de 5 pour 100 par an.

Estimation du tonnage (1878). 837.000
Augmentation de 5 p. 100 par an pour une
   période de douze années.. . . . .   502.200
              Total en 1890. . . . . . 1.339.200

Maintenant, si nous voulons appliquer un prix de
base à ces 1,339,200 tonnes, nous en trouvons encore des éléments d'appréciation dans le même congrès et l'exploitation du canal de Suez. Pour l'isthme

(1) *Le Canal de Suez*, bulletin décadaire, 12 juin 1881.

de Panama, la commission s'est arrêtée au prix uniforme de 15 francs par tonne (1), et la Société du canal maritime de Suez perçoit actuellement 11 fr. 50. Ces prix s'appliquent à une réduction de parcours considérable. Dans les conditions où se présentent les projets de la péninsule malaise, nous n'avons pas les mêmes proportions, mais nous pensons qu'un droit de 2 à 3 fr. ne serait pas exagéré; il constitue pour bien des navires, ainsi que nous le démontrerons plus loin, une diminution de près de 50 pour 100 des frais journaliers sur toute la durée du passage du détroit de Malacca. D'ailleurs, dans des itinéraires si bien limités, il conviendrait d'établir un prix proportionnel à l'économie résultant de l'usage de la voie nouvelle. Ainsi, pour la Cochinchine et Bangkok (2), il est évident que les navires venant de l'Europe, de Calcutta ou de Rangoon auront un plus grand intérêt à transiter par l'isthme comparativement à ceux qui desserviront les autres ports de la Chine. Quoi qu'il en soit, le chiffre de 1,339,200 tonnes, taxées à 3 francs, donnerait un produit de 4,017,600 fr., soit l'intérêt d'un capital de 80,352,000 francs ou 80 millions en chiffre rond.

Le tonnage résume donc le rendement probable; mais, comme complément d'indication, nous croyons utile de présenter ici quelques détails très succincts sur un des côtés pratiques du projet, pour en faire ressortir en quelque sorte les avantages. Il a trait au combustible, qui joue le rôle prépondérant dans la navigation à vapeur, et principalement dans celle à grande vitesse faisant le service mixte des voyageurs et de la

(1) *Rapport de la cinquième commission*, p. 628. Congrès de 1878.

(2) De Singapour il faut, au plus fort de la mousson du Nord-Est, aux bâtiments à voiles, près de vingt jours pour se rendre à Bangkok,

marchandise, telles que les Compagnies des *Messageries Maritimes* et du *Peninsular and Oriental Steam.*

Ces entreprises exécutent chacune par an 52 traversées, aller et retour compris, soit 104 voyages dans l'année ; en comptant trois jours et demi pour réduction du passage à travers l'isthme, et une consommation journalière de 45,000 kilogrammes (1) de charbon par bâtiment, on obtient un total de 16,380,000 kil. Dans les mers de la Chine, le prix de la houille est de 50 à 60 francs la tonne ; il atteint quelquefois 70 à 75 francs pour les navires de guerre qui consomment des houilles françaises. Ces 16,380 tonnes représenteraient donc, au prix moyen de 55 fr., une valeur de 900,900 fr., chiffre qui traduit l'économie de charbon qui serait réalisée par deux des plus importantes Compagnies européennes de navigation vers l'extrême Orient.

Pour chaque passage dans l'isthme, ce serait donc 8,662 francs, somme à laquelle il faut ajouter environ 7,500 francs pour les dépenses afférentes au service du bâtiment, usure, amortissement, entretien des passagers, etc.

Ainsi la dépense d'un transit par le détroit serait approximativement de 16,162 francs. Si nous plaçons en regard le chiffre de 7,410 francs résultant d'un droit de 3 francs sur 2,470 tonneaux (2), qui sont la jauge moyenne d'un grand transport, on arrive, comme

(1) Un navire de 2,377 tonneaux (jauge légale) du type de l'*Iraouady*, d'une force nominale de 600 chevaux, consomme 45,391 kil. par 24 heures. La moyenne pour les bâtiments des Messageries nationales est de 45,160 kil. Nous devons ces renseignements à M. Quequet, l'obligeant secrétaire général de la Compagnie des Messageries nationales.

(2) L'*Iraouady*, mesure 128^m,90 de longueur et 12^m,07 de largeur, au maître couple ; sa jauge légale est de 2,347 tonneaux, et celle du *Suez* de 2,477.

nous le disions précédemment, à réduire de 50 pour 100 les frais du passage actuel par le détroit.

D'autres lignes pourraient être citées, où l'on pourrait examiner de plus près les côtés économiques qui touchent à la question, surtout pour la Cochinchine et Bankok; il suffit de les avoir esquissés à grands traits pour que l'on puisse y trouver une base équitable d'appréciations.

III

En regard du produit, on ne peut opposer que des
éléments incertains de dépense. Dans le projet de l'isthme
de Krau, il s'agit d'un chemin de fer dont l'exploitation
couvre, d'après l'estimation des auteurs, l'intérêt d'un
capital de 25 millions, mais pour la création d'un canal
maritime, ce serait insuffisant, en raison des travaux
considérables que nécessite ce genre d'entreprise, et
qu'on ne peut déterminer que par des nivellements et
l'étude approfondie des formations qui constituent le
sol. C'est, du reste, l'examen vers lequel nous appelons
l'attention, tout en cherchant à réunir quelques éléments
pour la discussion.

La main-d'œuvre est, à première vue, largement as-
surée. On connaît les conditions avantageuses dans
lesquelles on obtient le travail des coolies chinois et
indiens, qui défient toute comparaison avec les mains-
d'œuvre européennes ou américaines.

Pour ce qui est des terrains, composés de grès et probablement de schiste, on peut envisager également un
travail relativement facile. Dans l'ordre des choses
probables, on rencontrera les couches de la surface
composées d'alluvions et de terrains remaniés et friables.
On ne peut oublier à ce sujet que les bulletins du canal

interocéanique (1) sur l'avancement des travaux de l'isthme de Panama signalaient récemment la découverte au sommet de la Culebra, point culminant sur le profil du canal, des roches dures à une altitude bien inférieure aux prévisions. La sonde avait traversé sur une hauteur de 43 mètres des terrains meubles que l'on avait supposé d'abord d'une épaisseur de 11 mètres et, au sondage de l'Empeador, on ne touchait le rocher que vers 40 mètres du sol.

Cet accident est commun aux régions équatoriales, où les pluies acquièrent une intensité sans égale, et où la circulation des eaux superficielles finit par accumuler, même à de grandes hauteurs, des quantités énormes d'humus et de matières détritiques.

Les eaux ont aussi une action dissolvante très énergique sur les roches; elles les désagrègent lentement. On doit à ce phénomène la décomposition des conglomérats doléritiques qui forment le massif compris entre l'Obispo et Culebra. Cette découverte, accusée par les mêmes sondages, a diminué dans une proportion énorme les dépenses prévues pour cette partie du passage (2).

Au congrès de 1878, la quatrième commission (3) avait adopté pour des déblais de même composition des prix variant de 7 francs à 2 fr. 50 c., et, en écartant les roches basaltiques exceptionnellement dures qui ne sont pas signalées dans la péninsule, le prix moyen ressortirait à 3 fr. 60 c.

Sur ces données, si nous multiplions le développe-

---

(1) *Bulletin du Canal interocéanique*, 2ᵉ année, nᵒˢ 48 et 49.

(2) Académie des sciences. Communication de M. FERDINAND DE LESSEPS, 11 juillet 1881. Rapport de M. Roux, ingénieur des mines, de la Compagnie du canal interocéanique.

(3) *Rapports du Congrès*, p. 300.

ment linéaire du canal, qui est de 50 kilomètres, par une section équivalente à celle adoptée pour Panama, c'est-à-dire 28 mètres de largeur au plan d'eau dans les roches dures et 56 dans les terrains tendres, soit une moyenne de 42 sur une profondeur de 8 mètres, et 22 mètres au plafond, nous obtenons par le calcul un cube de 12,800,000 mètres, qui à 3 fr. 60 font 46,080,000 fr.

En doublant ce cube pour tenir compte de l'élévation du sol au centre du tracé, des travaux à exécuter aux abords de la tranchée, et en appliquant le prix de 2 fr. 50 c. affecté par la même commission aux déblais des terrains meubles ainsi qu'aux dragages du Tscompeon et du Pakchan, lequel a des fonds de 6 à 18 mètres, on augmente la dépense de 32,000,000 de francs ; ce qui donne en totalité 78,080,000 francs.

A l'appui du calcul ci-dessus, nous tirons du récit des voyageurs anglais un aperçu du peu de difficultés qu'offrira le sommet du profil. En effet, dans cette relation, nous remarquons qu'ils ont atteint facilement, au-dessus du Krau et sans signaler de montée appréciable, une plaine herbeuse, d'où émergeaient des sources formant, à peu de distance les unes des autres, les ruissaux qui constituent les régimes du Pakchan et du Tscompeon. Ils constatèrent en outre que la rivière de la Krau était encaissée près de son origine entre des berges de 9 mètres de hauteur, et que le Pah-Klong et le Tscompeon étaient larges, ce dernier n'ayant pas moins de 60 mètres de largeur avec une profondeur très faible, non loin de Tasan, où ils le rencontrèrent pour la première fois.

De cette description on peut, nous le croyons, tirer une conséquence très hypothétique, il est vrai : c'est que le point de partage est peu élevé au-dessus du niveau de la mer, et elle permet, en somme, d'apprécier l'importance du travail à entreprendre.

Que faut-il conclure de tous ces calculs dans l'état précaire des données que nous possédons? Ce capital de 80 millions de francs, qui aujourd'hui représente la rémunération possible du projet, autorise-t-il à faire un examen plus approfondi, plus complet? Nous n'hésitons pas à nous prononcer pour l'affirmative; c'est d'ailleurs ce que nous avons cherché à démontrer dans le présent mémoire.

L'isthme de Krau a été notre base d'appréciations; mais tous les renseignements que nous avons pu recueillir nous démontrent que la traversée par Talung sera beaucoup plus courte et en conséquence moins coûteuse.

Quoi qu'il en soit, toutes ces considérations numériques sont loin d'une certitude absolue; mais on reconnaîtra, nous l'espérons, qu'elles ne sont pas exagérées. Nous avons voulu exposer un programme et démontrer l'opportunité d'une entreprise qui s'imposera un jour en raison du progrès constant des échanges et de l'activité humaine.

Pendant bien des années encore, le canal de Suez sera le chemin commercial le plus rapide entre l'Europe et la Chine. On peut donc entrevoir l'essor que prendra le port de Marseille quand le trafic de ces contrées lointaines sera amélioré par une voie rapide de Calais à Marseille, le canal de la presqu'île de Malacca qui est le complément obligé de celui de Suez, et les différentes routes des royaumes de Siam, de l'Annam et du Tonquin (1).

____

(1) DUTREUIL DE RHINS, *les Routes entre la Chine et l'Inde.*

Les intérêts français ne peuvent rester indifférents à ces questions de politique commerciale, sous peine de voir compromettre ou perdre même les bénéfices que nous sommes en droit d'attendre des traités de 1874 (1), et des sacrifices que nous avons faits pour créer nos stations de l'extrême Orient. Les efforts combinés des peuples pour l'amélioration des voies commerciales marqueront la dernière période des annales du xixe siècle, et, dans ce développement qui prépare pour l'avenir des résultats inappréciables, la France a su conquérir légitimement la première place.

Les grandes entreprises qu'elle a patronnées des isthmes de Suez et de Panama, les travaux projetés du tunnel sous-marin entre la France et l'Angleterre, de la mer intérieure saharienne et de la voie ferrée du Sénégal au Niger, lui imposent le devoir de maintenir des traditions qui font sa gloire et qui donneront la paix et la prospérité à ses colonies (2).

(1) Traité du 15 mars 1874 avec l'Annam et le Tonquin.

(2) Des travaux d'essais sont entrepris depuis plusieurs années à Sangatte (Pas-de-Calais) pour préparer le percement du tunnel sous-marin.

Actuellement le projet du commandant Roudaire, pour la submersion des chotts tunisiens et algériens, est l'objet d'un examen attentif au ministère des travaux publics, et l'année 1883 verra les premiers rails posés au centre du continent africain, entre Médine et Bafoulabé, sous les auspices de M. le ministre de la Marine et des Colonies.

Projet de chemin de fer à travers l'isthme de Krau. Tableau annexé au rapport
de MM. Forlong et Fraser.

	SINGAPOUR.	AKYAB.	RANGOON.	MAULMEIN.	TAVOY.	MERGUI.	KRAU.	HONG-KONG.	TOTAL EN MILLE.	TOTAL EN KILOMÈTRES.	HEURES DE TRAVERSÉE.	TONNES DE CHARBON brûlé.	DÉPENSE en combustible.	PRIX D'ÉTABLISSEMENT.	TOTAL POUR 1 VOYAGE.	TOTAL POUR 4 VOYAGES par mois.	ÉCONOMIE PAR MOIS.	ÉCONOMIE DE TEMPS par voyage.
													Rs	Rs	Rs	Rs	Rs	
Ceylan à Hong-Kong																		
Direct Via Singapour. . .	1570	»	»	»	»	»	»	1470	3040	4890	337	337	8425	1500	9925	39700	6800	56h
Direct Via Krau	»	»	»	»	»	»	1150	1380	2530	1470	281	281	7025	1200	8225	32900		
Calcutta à Hong-Kong.																	»	»
Direct Via Singapour. . .	1610	»	»	»	»	»	»	1470	3080	4950	342	342	8550	1500	10050	40200	»	»
Calcutta à Krau	»	280	480	120	130	110	150	»	1290	2070	143	143	3575	750	4325	17300	»	»
Calcutta à Maulmein . . .	»	280	480	120	»	»	»	»	880	1410	98	98	2450	585	2975	11900	»	»
Calcutta à Krau (direct). .	»	»	»	»	»	»	920	»	»	1480	102	102	2550	600	3150	»	»	»

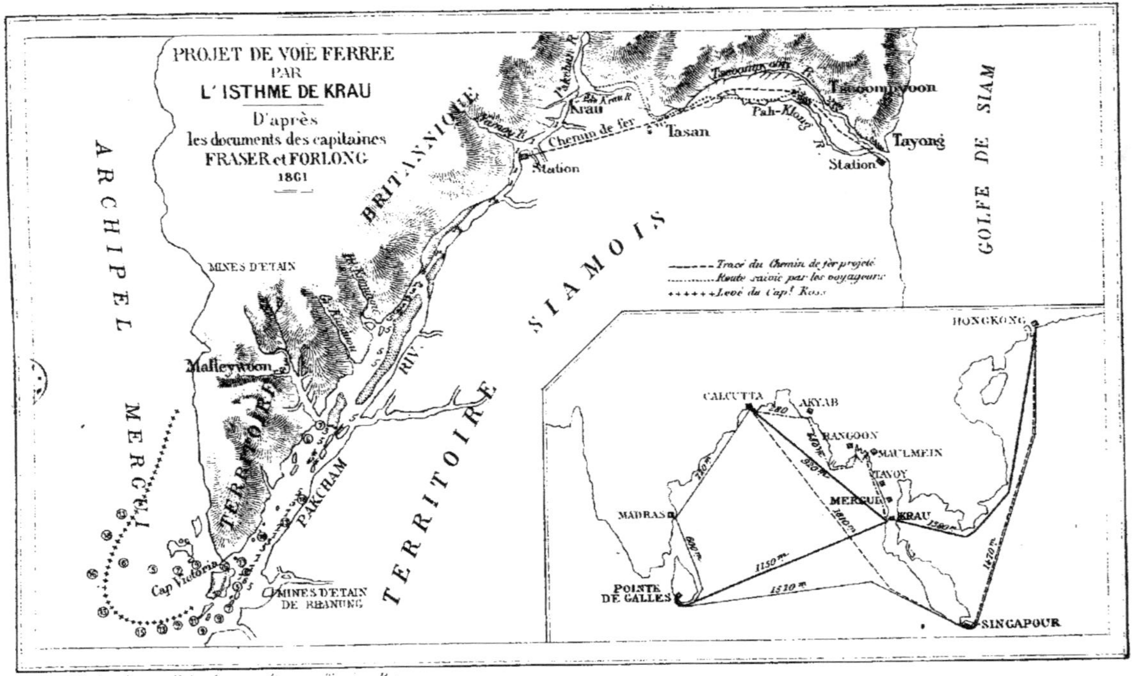

Gravé et imprimé par Erhard, 12, rue Duguay Trouin, Paris

LA
PENINSULE MALAISE
Projets de
PERCEMENT DE L'ISTHME
—
Krau- Chai-ya- Talung
LÉON DRU
1881

GOLFE
DE SIAM
TERRITOIRE BRITANNIQUE
Mergui
Tenasserim
Domel
I. Suzannah
Tcompeon
Talung
Klong Tcompeon R.
I. Bardia
I. Carnora
I. St Mathieu
Klang
Tow 4m
Namni 610m
Chai-ya
Korah
Tucnpa
Phanam
Chin Phin
Tayang R.
Bangri
Pilac
Paklan
Ligor
Pongo
I. Pepung
Vieux Ligor
I. Salanga
Korah
I. Tantalam
I. Lantar
Talung
Kantang
Trang
Sungora
I. Telibon
Chana
Lingu
Patani
I. Lancavu
970m
Quedah
Mont Tidi-Bangsa
2150m
PERAK
KLANTAN
PATANI
Echelle
Gravé et imprimé par Erhard, 12, rue Duguay Trouin, Paris.

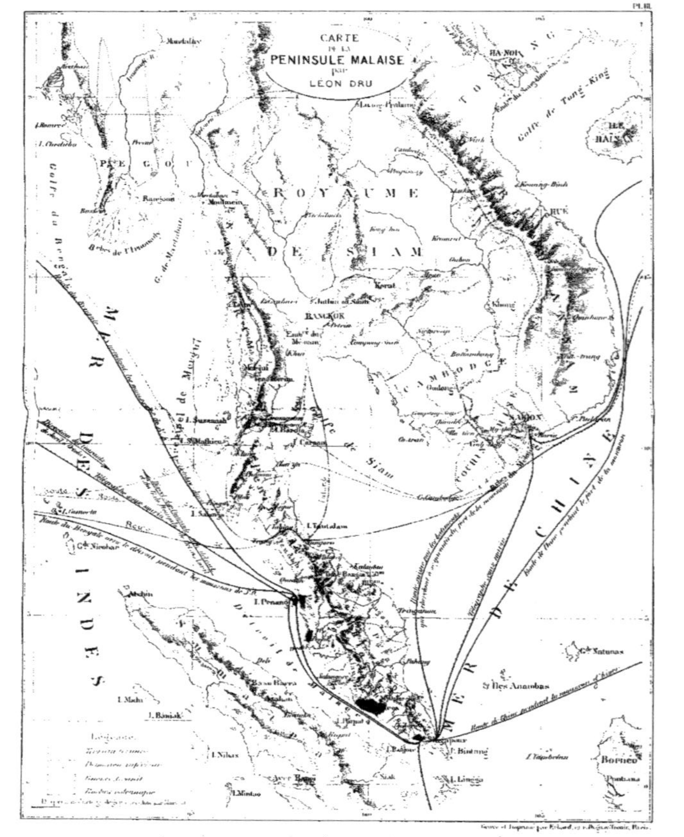
Pl. III
CARTE DE LA PENINSULE MALAISE par LÉON DRU
ROYAUME DE SIAM
MER DES INDES
MER DE CHINE
Golfe du Bengale
Golfe de Siam
Golfe de Tong-King
PEGOU
TONG-KING
CAMBODGE
COCHINCHINE
ILE HAINAN
BORNEO
HA-NOÏ
HUE
BANGKOK
Mandalay
Moulmein
Korat
Canal de Martaban
Isthme de Kraw
Détroit de Malacca
I. Penang
Singapour
St Iles Anambas
Gde Natunas
I. Mahé
I. Baniak
I. Nias
I. Mintao
Légende
Gravé et Imprimé par Erhard, 12 r. Dugay-Trouin, Paris.

PARIS

TYPOGRAPHIE GEORGES CHAMEROT

19, RUE DES SAINTS-PÈRES, 19